딩 딩 바 이 블   청 소 년   양 육   시 리 즈

양육 2년차 4

유혹을 이겨라

| 이 대 희 지 음 |
예즈덤성경교육원 편

엔크리스토

저자 **이대희 목사**

장로회신학대학교 신학대학원(M.Div)과 연세대학교 연합신학대학원(Th.M)을 졸업하고 에스라성경대학원대학교에서 성경학박사(D.Litt) 과정을 마쳤다. 예장총회교육자원부 연구원과 서울장신대 교수와 겸임교수를 역임했으며, 분당에 소재한 대안학교인 독수리 기독중고등학교에서 청소년에게 성경을 수년 동안 가르쳤다. 극동방송에서 〈알기 쉬운 성경공부〉〈기독교 이해〉〈크리스천 가이드〉〈전도왕백서〉〈습관칼럼〉 등 신앙양육 프로그램을 진행했다. 저자는 성경공부와 성경교육 전문사역자로 지난 25여 년 동안 성서사람·성서교회·성서한국·성서나라의 모토를 가지고 한국적 성경교육과 실천사역을 위한 집필과 세미나, 강의사역 등을 하고 있다. 현재 바이블미션 대표와 예즈덤성경교육원 원장, 꿈을주는교회 담임목사로 있다. 저서로는 『30분 성경공부』 시리즈, 『아름다운 십대 성경공부』 시리즈, 『투데이 성경공부』 시리즈, 『틴꿈십대 성경공부』 시리즈, 『인성과 창의력을 중시하는 유대인의 탈무드식 자녀교육법』, 『이야기대화식 성경연구』, 『성품성경공부』 시리즈, 『맛있는 성경공부』, 『맥잡는 기도』, 『전도왕백서』, 『자녀 축복 침상 기도문』, 『누구나 쉽게 배우는 쉬운 기도』, 『예즈덤 성경영재교육』, 『크리스천이여 습관부터 바꿔라』 등 200여 권의 저서가 있다.
e-mail: ckr9191@hanmail.net

딩딩바이블 청소년 양육 시리즈 **유혹을 이겨라**

초판1쇄 발행일 | 2015년 2월 12일

지은이 | 이대희
펴낸이 | 김학룡
펴낸곳 | 엔크리스토
마케팅 | 이동석, 오승호
관리부 | 김동인, 신순영, 정재영, 한호연, 지구왕

출판등록 | 2004년 12월 8일(제2004-116호)
주 소 | 경기도 고양시 일산동구 장대길 74-10
전 화 | (031) 906-9191   팩 스 | (0505) 365-9191
이메일 | 9191@korea.com
공급처 | 기독교출판유통

ISBN 979-11-5594-016-7 04230

* 잘못된 책은 바꾸어 드립니다.
* 책값은 뒤표지에 있습니다.

* 이 교재의 사용방법·내용·교육·강의와 세미나에 대한 문의는 예즈덤성경교육원(02-403-0191, 010-2731-9078. http://cafe.naver.com/je66)으로 해주세요. 카페에 각과 내용에 대한 동영상 강의 자료가 있습니다. 참고하시기 바랍니다. 매주 월요일에 엔크리스토 성경대학 지도자 훈련코스가 있습니다(개관반·책별반·주제반·성경영재교육반). 1년에 4학기(봄, 여름, 가을, 겨울)로 운영됩니다.

딩딩바이블 청소년 양육 시리즈를 펴내면서…

딩딩바이블은 그동안 10여 년 넘게 한국 교회 베스트 교재로 많은 사랑을 꾸준히 받아 온 〈아름다운 십대 성경공부〉 시리즈를 보완 발전시켜 새로운 모습으로 탄생된 청소년 양육 시리즈입니다. 지금 한국 교회는 다음 세대를 키우지 못하면 미래가 없습니다.

다음 세대를 효과적으로 키우는 데 딩딩바이블 청소년 양육 시리즈는 크게 기여할 것입니다. 그동안 교회 안에서만 이루어졌던 말씀 교육을 발전시켜 가정, 학교, 생활(주일, 주말, 주간, 방학)을 통합하여 전인적인 교육을 이루는 데 초점을 두었습니다. 세상을 이기기 위해서는 부분보다 통합적, 지식보다 지혜 중심의 양육이 필요합니다.

특히 청소년 시기는 인생과 신앙의 기초를 다져주는 아주 중요한 때입니다. 이때에 꼭 필요한 과정을 잘 양육하면 평생 승리하는 인생을 살 수 있습니다. 청소년들의 눈높이에 맞추어 흥미롭게, 간단하고 쉽게, 깊고 명료하게 삶의 실천을 염두에 두고 전체 내용을 구성했습니다. 5천 년 동안 성경교육으로 세계를 지배하고 있는 유대인의 성경 탈무드 교육보다 더 나은(마 5:20) 한국인에 맞는 복음적인 말씀양육 시리즈가 되길 기도합니다.

저자 이대희

•딩딩바이블 청소년 양육 시리즈 특징•

1. **말씀 중심이다** 성경 구절을 찾는 인위적 공부방식에서 탈피하여 본문을 중심으로 성경 전체를 핵심구절로 연결하여 하나님의 본래 의도를 찾도록 구성되었습니다.

2. **흥미롭다** 도입 부분을 십대들의 관심에 맞추어 흥미로운 만화와 삽화로 구성하여 시각적 효과를 높였습니다. 그림과 질문은 닫힌 마음을 열게 하는 효과가 있습니다.

3. **쉽다** 성경공부를 설명식(헬라식)으로 하면 점점 어려워집니다. 그러나 본문 속에서 질문식(히브리식)으로 하면 누구나 쉽게 답할 수 있습니다. 교사가 일방적으로 주입하는 가르침이 아닌 본문의 말씀이 말하는 것을 듣는 방식으로 구성되었기에 교사와 학생이 모두 쉽게 공부할 수 있습니다. 내가 말씀을 보는 것이 아니라 말씀이 나를 보게 해야 합니다.

4. **단순하다** 6개의 질문(관찰: 4개, 해석: 1개, 적용: 1개)으로 누구나 즐겁게 성경공부에 참여할 수 있습니다. 30분 내외의 분반 시간에 끝낼 수 있도록 구성했습니다. 상황에 따라 꼬리질문을 확장할 수 있습니다.

5. **깊다** 깊은 질문으로 말씀의 은혜를 경험할 수 있고 시간이 갈수록 말씀 속으로 빠져듭니다. 해석 질문은 영혼의 깨달음을 갖게 합니다(보통 십대 교재는 해석질문이 없습니다. 여기서 대화를 통한 깊은 나눔을 할 수 있습니다).

6. **균형있다** 십대에 필요한 핵심 주제와 다양한 양육영역(성경·복음·정체성·신앙·생활·인성·공부·인물·습관)을 골고루 제시하여 균형잡힌 신앙성장을 갖도록 했습니다.

7. **명료하다** 현실적으로 짧은 성경공부 시간에 여러 가지 내용을 다룰 수 없기에 한 가지 핵심적인 내용을 명료하게 다루어 분반 공부 효과를 극대화 하도록 했습니다.

8. **공부도 해결한다** 성경공부를 통해 신앙과 더불어 학교공부(사고력·논리력·분석력·집중력·분별력·상상력)도 함께 키울 수 있도록 구성되었습니다.

9. 다양하다 주5일근무제에 맞추어 주일 분반공부, 토요주말학교, 가족밥상머리교육, 제자훈련 등 다양하게 사용할 수 있습니다.

10. 전인적이다 주일 하루만 하는 교육이 아니라 가정, 교회, 학교와 주일, 주말, 주간, 방학, 성인식을 통합하여 전 삶의 차원에서 적용할 수 있는 양육과정입니다.

•성경공부 진행 방법•

마음열기 시작하기 전에 그림과 만화를 통해 공부할 주제를 기대감과 흥미를 갖게 합니다.

말씀과 소통하기 오늘 성경본문에 대한 네 가지 질문을 하면서 본문과 소통을 합니다.

포인트 해당 본문의 핵심을 간단하게 정리해 줍니다.

말씀과 공감하기 본문 말씀 내용 중에 생각해야 할 문제를 관계된 다른 성경구절(말씀Tip)을 통하여 깊은 깨달음을 얻도록 돕는 과정입니다.

삶에 실행하기 깨달은 말씀의 교훈을 개인의 삶에 적용합니다.

실천을 위한 Tip 삶 속에서 실천할 수 있도록 구체적인 지침을 제공합니다.

|교회와 가정과 학교(주일·주말·주간·방학)를 통합한 1318 전인교육|

•딩딩바이블 청소년 양육 시리즈 전체 양육과정표•

중·고등부 6년 과정에 맞추어 4개 코스로 구성되었습니다. 양육 코스는 3년, 심화 코스는 3년, 성장 코스는 자유롭게 사용하도록 구성했습니다.
이것은 주간에 자기 주도적으로 습관화 하는 과정입니다. 성숙 코스는 방학에 사용하는 캠프용과 십대과정을 마무리하는 성인식이 있습니다.
'복음 코스'와 '성경 코스'는 교사와 학생이 공통으로 할 수 있는 특별과정입니다.

| 양육 코스 |

구분	코스		영역	1년차	2년차	3년차
주일	양육	1	복음	예수십대	복음뼈대	신앙원리
		2	정체성	나는 누구야	가치관이 뭐야	비전이 뭐야
		3	신앙	왜 믿니?	왜 사니?	왜 교회 나가니?
		4	생활	십대를 창조하라	유혹을 이겨라	세상을 리드하라

| 심화 코스 |

구분	코스		영역	1년차	2년차	3년차
주일 (주말)	심화	1	Q.A	신앙이 궁금해	교리가 궁금해	성경이 궁금해
		2	인성	인간관계 어떻게?	중독탈출 어떻게?	창의인성 어떻게?
		3	공부	공부법 정복하기	학교공부 뛰어넘기	인생공부 따라잡기
		4	인물	하나님人	예수人	성령人

| 성장 코스(자기주도 코스) |

구분	코스		영역	1년차	2년차	3년차
주일 (주말, 주간)	자기 주도	1	영성	말씀생활 읽기, 암송, 큐티	기도생활 기도, 대화	전도생활 증거, 모범
		2	습관	생활습관 음식, 수면, 운동	공부습관 공부, 시간, 플래닝	태도습관 태도, 성품

| 성숙 코스(마무리 코스) |

구분	코스		영역	1년차	2년차	3년차
방학	캠프	1	영재	신앙과 공부를 함께 해결하는 크리스천 영재 캠프 (3박4일)		
전체	성인식	2	전인	중등부·고등부 (성인식 통과의례 1, 2) - 예수사람 만들기		

•복음 코스(교사와 학생 공통)•

구분	코스	영역	공통과정
모든 세대	복음	새신자	한눈으로 보는 복음 이야기 (새신자 양육)
		불신자	세상에서 가장 복된 소식 당신은 아십니까? (대화식 전도지)

•성경 코스(교사와 학생 공통)•

구분	코스	영역	공통과정
모든 세대	성경	구약	단숨에 꿰뚫는 구약성경관통
		신약	단숨에 꿰뚫는 신약성경관통

차례

유혹을 이기는 힘

십대는 세상의 유혹에 그대로 노출되어 있습니다. 특히 이 시대는 문화를 통해 십대들을 유혹하고 있습니다. 십대들의 주변에는 미혹하는 일들이 널려 있습니다. 무조건 피해다닌다고 문제를 해결할 수 없습니다. 세상의 악한 유혹을 이기기 위해서는 적극적인 방법을 사용해야 합니다. 그것은 말씀과 기도로 무장하는 일입니다. 그렇지 않으면 언제 어디서 무너질지 모릅니다. 내면의 힘을 길러야 밖에서 불어오는 유혹을 이길 수 있습니다.

세상의 악한 문화가 우리를 지배하기 위해 점점 무서운 속도로 인간의 삶에 침투하고 있습니다. 『유혹을 이겨라』는 십대들이 겪고 있는 문제들을 다루었습니다. 문화, 은사, 게임과 오락, 인터넷, 스마트폰, 대중음악, 채팅과 SNS, 돈 등에 대한 문제를 생각하면서 성경적인 지침과 그 유혹을 이길 수 있는 힘을 키우는 데 목표가 있습니다. 평소에 궁금하고 고민하던 문제들을

대하면서 영적 통찰력을 얻는다면 세상의 문화를 이길 수 있는 길이 보일 것입니다.

> 너희는 유혹의 욕심을 따라 썩어져 가는 구습을 따르는 옛 사람을 벗어 버리고
> 오직 너희의 심령이 새롭게 되어 하나님을 따라 의와 진리의 거룩함으로
> 지으심을 받은 새 사람을 입으라(엡 4:22-24)

01

바벨탑 문화

 마음열기

1. 청소년이 좋아하고 가까이하는 것 중에서 사탄의 음모가 숨어 있는 것들을 찾아 이야기해 보십시오. 예) 뉴에이지 운동 계열의 대중문화, 성적인 문화, 욕설과 폭력, 동성애를 담은 영화나 드라마 등.

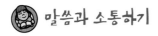

말씀과 소통하기

• 창세기 11:1-9을 읽으세요.

1 온 땅의 언어가 하나요 말이 하나였더라
2 이에 그들이 동방으로 옮기다가 시날 평지를 만나 거기 거류하며
3 서로 말하되 자, 벽돌을 만들어 견고히 굽자 하고 이에 벽돌로 돌을
  대신하며 역청으로 진흙을 대신하고
4 또 말하되 자, 성읍과 탑을 건설하여 그 탑 꼭대기를 하늘에 닿게 하
  여 우리 이름을 내고 온 지면에 흩어짐을 면하자 하였더니
5 여호와께서 사람들이 건설하는 그 성읍과 탑을 보려고 내려오셨더라
6 여호와께서 이르시되 이 무리가 한 족속이요 언어도 하나이므로 이
  같이 시작하였으니 이 후로는 그 하고자 하는 일을 막을 수 없으리
  로다
7 자, 우리가 내려가서 거기서 그들의 언어를 혼잡하게 하여 그들이 서
  로 알아듣지 못하게 하자 하시고
8 여호와께서 거기서 그들을 온 지면에 흩으셨으므로 그들이 그 도시
  를 건설하기를 그쳤더라
9 그러므로 그 이름을 바벨이라 하니 이는 여호와께서 거기서 온 땅의
  언어를 혼잡하게 하셨음이니라 여호와께서 거기서 그들을 온 지면
  에 흩으셨더라

1. 노아 홍수 이후에 온 땅에 있던 사람들은 어떤 상태였습니까?(1)

2. 인간들이 바벨탑을 쌓게 된 동기는 무엇입니까?(2-4)

3. 이런 인간에게 하나님은 어떤 심판을 내렸습니까?(5-8)

4. 언어가 혼잡함으로 인간에게 어떤 결과가 나타났습니까?(9)

•POINT•

인간은 하나님이 주신 언어의 특권을 잘못 사용하여 하나님을 대적했습니다. 그 결
과 언어가 혼잡하게 되었고, 인류는 서로 반목하며 소통이 단절되었습니다. 물론 하
나님과도 관계가 깨어져 하나님의 마음을 알아듣지 못하는 상태가 되었습니다.

말씀과 공감하기

1. 하나님은 공의로운 분이시기에 우리의 위치를 잊어버리고 하나님께 도전
   할 때 그것을 절대로 용납하지 않으십니다. 하나님 앞에서 인간의 올바른
   위치가 무엇인지 말해 보십시오.(참고, 창 1:26-27, 3:4-5; 사 6:5)

말씀
Tip

하나님이 이르시되 우리의 형상을 따라 우리의 모양대로 우리가 사람을 만들고
그들로 바다의 물고기와 하늘의 새와 가축과 온 땅과 땅에 기는 모든 것을 다스
리게 하자 하시고 하나님이 자기 형상 곧 하나님의 형상대로 사람을 창조하시되
남자와 여자를 창조하시고(창 1:26-27)

뱀이 여자에게 이르되 너희가 결코 죽지 아니하리라 너희가 그것을 먹는 날에
는 너희 눈이 밝아져 하나님과 같이 되어 선악을 알 줄 하나님이 아심이니라(창
3:4-5)

그때에 내가 말하되 화로다 나여 망하게 되었도다 나는 입술이 부정한 사람이요
나는 입술이 부정한 백성 중에 거주하면서 만군의 여호와이신 왕을 뵈었음이로
다 하였더라(사 6:5)

13

삶에 실행하기

1. 현대의 바벨탑은 무엇이며 우리 가운데 사탄이 조장하는 문화는 무엇이 있는지 찾아 보십시오. 그리고 그것을 치유하고 이길 수 있는 방법을 말해 보십시오.

실천을 위한 Tip

나는 어떤 목적을 갖고 공부하는지에 대해서 말해 보고, 공부를 통하여 어떻게 하나님께 영광을 돌릴지 나의 다짐의 글을 적어 보세요.

나의 다짐

-내가 공부하는 목적:

-하나님께 영광을 돌리고 싶은 일:

_____ 서명

02

적과의 동침

 마음열기

1. 지난 주간 일어난 사건들(신문이나 뉴스) 중에서 죄라고 생각되는 것을 찾
   아 말해 보십시오(신문을 가지고 와서 해당하는 것에 표시해도 좋습니다).

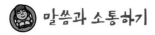

말씀과 소통하기

• 창세기 3:1-11을 읽으세요.

1 그런데 뱀은 여호와 하나님이 지으신 들짐승 중에 가장 간교하니라 뱀이 여자에게 물어 이르되 하나님이 참으로 너희에게 동산 모든 나무의 열매를 먹지 말라 하시더냐

2 여자가 뱀에게 말하되 동산 나무의 열매를 우리가 먹을 수 있으나

3 동산 중앙에 있는 나무의 열매는 하나님의 말씀에 너희는 먹지도 말고 만지지도 말라 너희가 죽을까 하노라 하셨느니라

4 뱀이 여자에게 이르되 너희가 결코 죽지 아니하리라

5 너희가 그것을 먹는 날에는 너희 눈이 밝아져 하나님과 같이 되어 선악을 알 줄 하나님이 아심이니라

6 여자가 그 나무를 본즉 먹음직도 하고 보암직도 하고 지혜롭게 할 만큼 탐스럽기도 한 나무인지라 여자가 그 열매를 따먹고 자기와 함께 있는 남편에게도 주매 그도 먹은지라

7 이에 그들의 눈이 밝아져 자기들이 벗은 줄을 알고 무화과나무 잎을 엮어 치마로 삼았더라

8 그들이 그 날 바람이 불 때 동산에 거니시는 여호와 하나님의 소리를 듣고 아담과 그의 아내가 여호와 하나님의 낯을 피하여 동산 나무 사이에 숨은지라

9 여호와 하나님이 아담을 부르시며 그에게 이르시되 네가 어디 있느냐

10 이르되 내가 동산에서 하나님의 소리를 듣고 내가 벗었으므로 두려워하여 숨었나이다

11 이르시되 누가 너의 벗었음을 네게 알렸느냐 내가 네게 먹지 말라 명한 그 나무 열매를 네가 먹었느냐

12 아담이 이르되 하나님이 주셔서 나와 함께 있게 하신 여자 그가 그 나무 열매를 내게 주므로 내가 먹었나이다

13 여호와 하나님이 여자에게 이르시되 네가 어찌하여 이렇게 하였느
냐 여자가 이르되 뱀이 나를 꾀므로 내가 먹었나이다

1. 하나님과 인간은 처음으로 인격적인 약속을 했는데 그것은 무엇입니
   까?(창 2:15-17)

2. 인간이 하나님과 맺은 약속을 어떻게 파기했는지 이야기해 보십시오.
   1) 누가 유혹했습니까?(1-5)

   2) 그 유혹에 대해 인간은 어떤 감정을 느꼈습니까?(6)

3. 하나님의 명령을 어긴 후 인간의 태도와 반응을 찾아보십시오.(7-8)

4. 죄를 지은 인간에 대해 하나님은 무엇이라고 꾸짖으셨으며 그 말씀에 대
   해 인간은 무엇이라 답했습니까?(9-13)

아담에게

_____

아담의 대답

_____

여자에게

_____

여자의 대답

_____

•POINT•

죄는 하나님의 말씀을 어기는 것을 의미합니다. 사람이 죄를 지으면 그 순간 인간은
죄의 노예가 됩니다. 죄는 우리를 사망에 이르게 합니다. 왜냐하면 죄를 지은 사람은
죄값을 치러야 하기 때문입니다. 죄에서 벗어나려면 하나님께 빨리 회개하여 용서를
받아야 합니다.

말씀과 공감하기

1. 오늘 본문을 통해 발견되는 죄의 정의를 말해 보십시오. 아울러 죄를 지은 후 나타나는 인간의 모습과 죄의 결과는 무엇인지 말해 보십시오.(참고, 롬 1:21-23, 6:23)

죄의 삯은 사망이요 하나님의 은사는 그리스도 예수 우리 주 안에 있는 영생이니라(롬 6:23)

하나님을 알되 하나님을 영화롭게도 아니하며 감사하지도 아니하고 오히려 그 생각이 허망하여지며 미련한 마음이 어두워졌나니 스스로 지혜 있다 하나 어리석게 되어 썩어지지 아니하는 하나님의 영광을 썩어질 사람과 새와 짐승과 기어다니는 동물 모양의 우상으로 바꾸었느니라(롬 1:21-23)

삶에 실행하기

1. 십대가 저지르기 쉬운 죄악의 모습에는 어떤 것들이 있는지 찾아 보십시오. 현재 나에게 남아 있고 습관적으로 짓게 되는 죄는 무엇입니까? 이 시간 하나님께 회개해야 할 죄를 찾아서 자백하는 기도를 드리십시오.

실천을 위한 Tip

용서의 확신

• 인간은 죄인이기에 늘 죄를 지을 수 있습니다. 만약 죄를 회개했다면 이제 말씀을 통해 용서의 확신을 가져야 합니다. 다음 구절을 읽고 마음에 말씀을 새기면서 평강을 얻으십시오.

이와 같이 그리스도도 많은 사람의 죄를 담당하시려고 단번에 드리신 바 되셨고(히 9:28)

그러므로 형제들아 우리가 예수의 피를 힘입어 성소에 들어갈 담력을 얻었나니(히 10:19)

만일 우리가 우리 죄를 자백하면 그는 미쁘시고 의로우사 우리 죄를 사하시며 우리를 모든 불의에서 깨끗하게 하실 것이요(요일 1:9)

03

딱 한 번만

 마음열기

1. 세상에는 십대를 유혹하는 것들이 많이 있습니다. 십대들이 가장 하고 싶
   어하는 것을 중심으로 생각나는 대로 열거해 보십시오. 그 이유도 함께
   말해 보십시오.

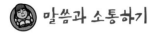

말씀과 소통하기

• 마태복음 4:1-11을 읽으세요.

1 그 때에 예수께서 성령에게 이끌리어 마귀에게 시험을 받으러 광야
로 가사

2 사십 일을 밤낮으로 금식하신 후에 주리신지라

3 시험하는 자가 예수께 나아와서 이르되 네가 만일 하나님의 아들이
어든 명하여 이 돌들로 떡덩이가 되게 하라

4 예수께서 대답하여 이르시되 기록되었으되 사람이 떡으로만 살 것
이 아니요 하나님의 입으로부터 나오는 모든 말씀으로 살 것이라
하였느니라 하시니

5 이에 마귀가 예수를 거룩한 성으로 데려다가 성전 꼭대기에 세우고

6 이르되 네가 만일 하나님의 아들이어든 뛰어내리라 기록되었으되
그가 너를 위하여 그의 사자들을 명하시리니 그들이 손으로 너를
받들어 발이 돌에 부딪치지 않게 하리로다 하였느니라

7 예수께서 이르시되 또 기록되었으되 주 너의 하나님을 시험하지 말
라 하였느니라 하시니

8 마귀가 또 그를 데리고 지극히 높은 산으로 가서 천하 만국과 그 영
광을 보여

9 이르되 만일 내게 엎드려 경배하면 이 모든 것을 네게 주리라

10 이에 예수께서 말씀하시되 사탄아 물러가라 기록되었으되 주 너의
하나님께 경배하고 다만 그를 섬기라 하였느니라

11 이에 마귀는 예수를 떠나고 천사들이 나아와서 수종드니라

1. 예수님은 무엇에 이끌리어 마귀의 시험을 받으셨습니까?(1)

2. 40일을 금식한 후에 굶주린 상태에서 마귀의 시험이 닥쳐왔는데, 그 내용
   이 무엇인지 마귀의 말을 인용하여 세 가지로 말해 보십시오.
   1) 3절

   2) 6절

   3) 9절

3. 마귀는 예수님의 정체성을 흔들면서 무엇을 유혹했는지 말해 보십시오.(3, 6)

4. 예수님은 마귀의 시험을 이길 때 동일하게 같은 방법을 사용하셨는데 그 것은 무엇입니까? 공통적으로 나오는 말을 이야기해 보십시오.(4, 7, 10)

•POINT•

마귀는 늘 우리 주변에서 미혹하려고 기회를 엿보고 있습니다. 우리가 연약할 때 찾 아와 우리를 넘어지게 합니다. 마귀는 주로 육신적인 방법을 이용합니다. 정욕과 자 기 자랑과 교만을 이용해 넘어지게 합니다. 마귀의 고도 전략은 오직 말씀을 통해서 이길 수 있습니다.

말씀과 공감하기

1. 모든 인간이 받는 유혹을 예수님도 받으셨습니다. 구체적으로 무엇인지 말해 보십시오. 지금도 사탄은 이것을 사용하여 우리를 넘어지게 하는데 이 유혹을 이기는 비결은 무엇입니까?(참고, 약 1:14-15; 요일 2:16-17)

말씀
Tip

오직 각 사람이 시험을 받는 것은 자기 욕심에 끌려 미혹됨이니 욕심이 잉태한 즉 죄를 낳고 죄가 장성한즉 사망을 낳느니라(약 1:14-15)

이는 세상에 있는 모든 것이 육신의 정욕과 안목의 정욕과 이생의 자랑이니 다 아버지께로부터 온 것이 아니요 세상으로부터 온 것이라 이 세상도, 그 정욕도 지나가되 오직 하나님의 뜻을 행하는 자는 영원히 거하느니라(요일 2:16-17)

삶에 실행하기

1. 십대들을 유혹하는 것들은 무엇이 있는지 찾아보고. 그중에서 내가 가장
   유혹 받기 쉬운 부분은 무엇인지 이야기해 보십시오.

실천을 위한 Tip

시험을 이기는 말씀

• 우리가 사는 세상은 유혹이 가득한 곳입니다. 세상 속에서 사는
  한 우리는 이런 시험을 피할 수 없습니다. 계속 닥쳐오는 여러 가
  지 시험과 유혹을 이기기 위해서는 말씀으로 무장해야 합니다. 다
  음 말씀을 한 주간 동안 암송하며 묵상해 보십시오.

  청년이 무엇으로 그의 행실을 깨끗하게 하리이까 주의 말씀만 지킬 따름이니
  이다 내가 전심으로 주를 찾았사오니 주의 계명에서 떠나지 말게 하소서 내가
  주께 범죄하지 아니하려 하여 주의 말씀을 내 마음에 두었나이다(시 119:9-11)

  주의 말씀은 내 발에 등이요 내 길에 빛이니이다(시 119:105)

04

은사를 어떻게

 마음열기

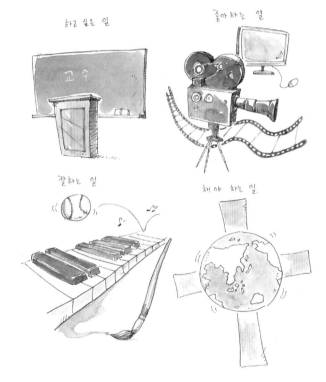

1. 내가 가지고 있는 재능이나 은사를 한 가지씩 찾아 함께 이야기해 보십시오.

   1) 나의 재능(나를 위해서 사용하는 것)은 무엇입니까?

   2) 은사(하나님을 위해서 사용하는 것)는 무엇입니까?

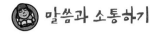 **말씀과 소통하기**

•사사기 16:18-31을 읽으세요.

18 들릴라가 삼손이 진심을 다 알려 주므로 사람을 보내어 블레셋 사람들의 방백들을 불러 이르되 삼손이 내게 진심을 알려 주었으니 이제 한 번만 올라오라 하니 블레셋 방백들이 손에 은을 가지고 그 여인에게로 올라오니라

19 들릴라가 삼손에게 자기 무릎을 베고 자게 하고 사람을 불러 그의 머리털 일곱 가닥을 밀고 괴롭게 하여 본즉 그의 힘이 없어졌더라

20 들릴라가 이르되 삼손이여 블레셋 사람이 당신에게 들이닥쳤느니라 하니 삼손이 잠을 깨며 이르기를 내가 전과 같이 나가서 몸을 떨치리라 하였으나 여호와께서 이미 자기를 떠나신 줄을 깨닫지 못하였더라

21 블레셋 사람들이 그를 붙잡아 그의 눈을 빼고 끌고 가사에 내려가 놋 줄로 매고 그에게 옥에서 맷돌을 돌리게 하였더라

22 그의 머리털이 밀린 후에 다시 자라기 시작하니라

23 블레셋 사람의 방백들이 이르되 우리의 신이 우리 원수 삼손을 우리 손에 넘겨 주었다 하고 다 모여 그들의 신 다곤에게 큰 제사를 드리고 즐거워하고

24 백성들도 삼손을 보았으므로 이르되 우리의 땅을 망쳐 놓고 우리의 많은 사람을 죽인 원수를 우리의 신이 우리 손에 넘겨 주었다 하고 자기들의 신을 찬양하며

25 그들의 마음이 즐거울 때에 이르되 삼손을 불러다가 우리를 위하여 재주를 부리게 하자 하고 옥에서 삼손을 불러내매 삼손이 그들을 위하여 재주를 부리니라 그들이 삼손을 두 기둥 사이에 세웠더니

26 삼손이 자기 손을 붙든 소년에게 이르되 나에게 이 집을 버틴 기둥을 찾아 그것을 의지하게 하라 하니라

27 그 집에는 남녀가 가득하니 블레셋 모든 방백들도 거기에 있고 지붕에 있는 남녀도 삼천 명 가량이라 다 삼손이 재주 부리는 것을 보더라

28 삼손이 여호와께 부르짖어 이르되 주 여호와여 구하옵나니 나를 생
각하옵소서 하나님이여 구하옵나니 이번만 나를 강하게 하사 나의
두 눈을 뺀 블레셋 사람에게 원수를 단번에 갚게 하옵소서 하고
29 삼손이 집을 버틴 두 기둥 가운데 하나는 왼손으로 하나는 오른손
으로 껴 의지하고
30 삼손이 이르되 블레셋 사람과 함께 죽기를 원하노라 하고 힘을 다
하여 몸을 굽히매 그 집이 곧 무너져 그 안에 있는 모든 방백들과 온
백성에게 덮이니 삼손이 죽을 때에 죽인 자가 살았을 때에 죽인 자
보다 더욱 많았더라
31 그의 형제와 아버지의 온 집이 다 내려가서 그의 시체를 가지고 올
라가서 소라와 에스다올 사이 그의 아버지 마노아의 장지에 장사하
니라 삼손이 이스라엘의 사사로 이십 년 동안 지냈더라

1. 삼손이 들릴라에게 유혹을 받는 모습을 정리해 보십시오.(18-20)

2. 힘이 빠진 삼손은 블레셋 사람에게 잡혀서 어떻게 되었습니까?(21-27)

3. 삼손이 마지막으로 하나님께 어떤 기도를 드렸는지 이야기해 보십시오.(28)

4. 삼손이 집을 무너뜨려서 많은 사람들이 죽었습니다. 그 상황을 생동감 있게 말해 보십시오.(29-30)

•POINT•

하나님은 모든 인간에게 재능을 주셨습니다. 그리고 믿는 자에게는 영적 은사를 주셨습니다. 그것으로 하나님 나라를 위해 헌신하도록 하셨습니다. 내 힘으로 하나님의 일을 하는 것이 아니라 하나님이 주신 은사와 능력으로 하나님의 일을 합니다. 이것을 착각하여 자기의 욕심을 위해서 재능과 은사를 사용하면 안 됩니다.

말씀과 공감하기

1. 삼손이 실패하게 된 근본적인 원인은 무엇입니까? 삼손은 마지막에 회개
하며 하나님께 간구함으로 새 힘을 얻었는데 이것을 통해 발견할 수 있는
영적인 교훈은 무엇입니까?(참고, 잠언 16:18; 고전 10:12; 엡 4:21-24)

말씀
Tip

교만은 패망의 선봉이요 거만한 마음은 넘어짐의 앞잡이니라(잠언 16:18)

그런즉 선 줄로 생각하는 자는 넘어질까 조심하라(고전 10:12)

진리가 예수 안에 있는 것 같이 너희가 참으로 그에게서 듣고 또한 그 안에서 가
르침을 받았을진대 너희는 유혹의 욕심을 따라 썩어져 가는 구습을 따르는 옛
사람을 벗어 버리고 오직 너희의 심령이 새롭게 되어 하나님을 따라 의와 진리의
거룩함으로 지으심을 받은 새 사람을 입으라(엡 4:21-24)

삶에 실행하기

1. 내가 하나님께 감사한 부분은 무엇입니까? 그리고 하나님이 우리에게 주
   신 젊음과 힘과 지혜와 재능 그리고 시간과 물질을 나는 어떻게 사용하고
   싶은지 말해 보십시오.

실천을 위한 Tip

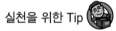

• 구원받은 십대로서 내가 어떻게 살아가는 것이 하나님이 기뻐하
  시는 모습일지 한 주간 실천 사항을 한 가지씩 말해 보십시오.

	언제	무엇을	어떻게
개인적으로			
가정에서			
교회에서			
학교에서			

05

게임과 오락

 마음열기

1. 다음 질문에 답해 보십시오.

   1) 내가 좋아하는 컴퓨터 게임이나 스마트폰 게임은 무엇입니까? 왜 그
      게임을 좋아합니까?

   2) 십대들이 오락·게임을 좋아하는 이유는 무엇입니까?

   3) 오락·게임이 나에게 주는 유익을 말해 보십시오.

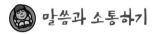 **말씀과 소통하기**

•마태복음 11:28-30을 읽으세요.

28 수고하고 무거운 짐 진 자들아 다 내게로 오라 내가 너희를 쉬게 하리라
29 나는 마음이 온유하고 겸손하니 나의 멍에를 메고 내게 배우라 그리하면 너희 마음이 쉼을 얻으리니
30 이는 내 멍에는 쉽고 내 짐은 가벼움이라 하시니라

---

1. 인생은 어떤 모습입니까?(28)

2. 사람은 어디에서만 참된 쉼을 얻을 수 있습니까?(28)

3. 예수님은 어떤 분이십니까?(29)

4. 우리가 예수님에게서 쉼을 얻는 방법을 말해 보십시오.(29)

5. 예수님이 주시는 멍에와 짐은 어떤 특징이 있습니까?(30)

•POINT•

진정한 쉼은 오락이나 게임이 아니라 그리스도 안에서 얻을 수 있습니다. 마음의 평안은 오락이나 게임이 줄 수 없습니다. 그것은 일시적이고 감각적인 육신의 즐거움만 줄 뿐입니다. 진정한 평안은 세상에서 오는 것이 아니라 하나님으로부터 옵니다. 영혼의 기쁨만이 우리를 즐겁게 하고 영원합니다.

말씀과 공감하기

1. 사람들은 왜 오락과 게임을 한다고 생각합니까? 유익한 점은 무엇입니까?
   어떤 경우에 오락과 게임이 죄가 되는지 말해 보십시오. 크리스천 십대들
   은 어떻게 오락과 게임을 사용해야 하는지 성경적인 원칙을 말해 보십시오.
   (참고, 고전 10:31; 사 58:13; 딤후 3:4)

말씀
Tip

그런즉 너희가 먹든지 마시든지 무엇을 하든지 다 하나님의 영광을 위하여 하라
(고전 10:31)

만일 안식일에 네 발을 금하여 내 성일에 오락을 행하지 아니하고 안식일을 일컬
어 즐거운 날이라, 여호와의 성일을 존귀한 날이라 하여 이를 존귀하게 여기고
네 길로 행하지 아니하며 네 오락을 구하지 아니하며 사사로운 말을 하지 아니
하면(사 58:13)

무정하며 원통함을 풀지 아니하며 모함하며 절제하지 못하며 사나우며 선한 것
을 좋아하지 아니하며 배신하며 조급하며 자만하며 쾌락을 사랑하기를 하나님
사랑하는 것보다 더하며(딤후 3:4)

 잠깐 쉼터

• 크리스천 십대들이 오락을 즐길 때 점검사항
① 그것이 하나님께 영광을 돌리는가?
② 그것이 나의 현재와 장래에 유익한가?
③ 남에게 피해를 주는 것은 아닌가?
④ 그것 때문에 나의 성격이 포악해지고 죄를 짓지는 않는가?
⑤ 진정 나의 휴식에 도움이 되고 기쁨을 주는가?

삶에 실행하기

1. 내가 좋아하는 게임과 오락은 무엇입니까? 게임이 나에게 도움이 된 경우와 피해를 준 경우를 이야기해 보십시오. 나는 하루에 얼마의 시간을 게임과 오락으로 보내고 있습니까? 이것을 점검하고 진단하여 스스로 점수를 매겨 보십시오.

실천을 위한 Tip

- 오락과 게임에 너무 빠지면 하나님을 즐거워하는 것에 방해가 됩니다. 앞으로 그리스도 안에서 즐거워하는 법을 체득하기 위하여 어떻게 해야 하는지 빈 칸을 채우면서 성경적인 방법을 찾아 보십시오.

  내가 이르노니 너희는 (　　　)을 따라 행하라 그리하면 육체의 욕심을 이루지 아니하리라 육체의 소욕은 (　　　)을 거스르고 (　　　)은 육체를 거스르나니 이 둘이 서로 대적함으로 너희가 원하는 것을 하지 못하게 하려 함이니라 너희가 만일 (　　　)의 인도하시는 바가 되면 율법 아래에 있지 아니하리라(갈 5:16-18)

  비록 무화과나무가 무성하지 못하며 포도나무에 열매가 없으며 감람나무에 소출이 없으며 밭에 먹을 것이 없으며 우리에 양이 없으며 외양간에 소가 없을지라도 나는 (　　　)로 말미암아 즐거워하며 나의 구원의 (　　　)으로 말미암아 기뻐하리로다(합 3:17-18)

06

인터넷, 스마트폰, 미디어

 마음열기

1. 위의 이야기를 읽고 느낀 점은 무엇입니까?

2. 인터넷과 스마트폰과 미디어가 우리에게 주는 해악과 유익은 각각 무엇입니까?

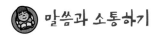 **말씀과 소통하기**

• 고린도전서 6:12-20을 읽으세요.

12 모든 것이 내게 가하나 다 유익한 것이 아니요 모든 것이 내게 가하나 내가 무엇에든지 얽매이지 아니하리라

13 음식은 배를 위하여 있고 배는 음식을 위하여 있으나 하나님은 이것 저것을 다 폐하시리라 몸은 음란을 위하여 있지 않고 오직 주를 위하여 있으며 주는 몸을 위하여 계시느니라

14 하나님이 주를 다시 살리셨고 또한 그의 권능으로 우리를 다시 살리시리라

15 너희 몸이 그리스도의 지체인 줄을 알지 못하느냐 내가 그리스도의 지체를 가지고 창녀의 지체를 만들겠느냐 결코 그럴 수 없느니라

16 창녀와 합하는 자는 그와 한 몸인 줄을 알지 못하느냐 일렀으되 둘이 한 육체가 된다 하셨나니

17 주와 합하는 자는 한 영이니라

18 음행을 피하라 사람이 범하는 죄마다 몸 밖에 있거니와 음행하는 자는 자기 몸에 죄를 범하느니라

19 너희 몸은 너희가 하나님께로부터 받은 바 너희 가운데 계신 성령의 전인 줄을 알지 못하느냐 너희는 너희 자신의 것이 아니라

20 값으로 산 것이 되었으니 그런즉 너희 몸으로 하나님께 영광을 돌리라

1. 인간은 모든 것을 할 수 있는 자유가 있지만 그리스도인은 어떻게 자유를 사용해야 합니까?(12)

2. 우리에게 주신 몸은 누구를 위해 사용해야 합니까? 그 이유는 무엇입니까?(13-17)

3. 음행은 외설스러운 행위와 음란한 행위를 말합니다. 음행은 어떤 죄를 범하는 것입니까?(18)

4. 그리스도인의 몸은 세상 사람과 다른데 어떤 몸입니까? 몸을 어떻게 사용해야 바람직한지 말해 보십시오.(19-20)

•POINT•

그리스도인의 몸은 거룩한 하나님의 성전입니다. 우리 마음대로 함부로 사용할 수 없습니다. 하나님의 거룩한 뜻에 맞게 사용해야 합니다. 그리스도의 피 값으로 산 우리입니다. 몸을 우리의 즐거움이 아닌 하나님께 영광을 올리는 데 사용해야 합니다.

말씀과 공감하기

1. 인터넷이나 스마트폰 등의 영상물은 정보를 제공하는 유익도 있지만 잘못
   하면 마음과 영혼을 파괴하는 타락의 도구가 될 수 있습니다. 왜 그런지
   그 이유를 말해 보십시오. 아울러 이것에 대한 성경적인 실천 지침을 말
   해 보십시오.(참고, 마 5:28; 골 2:20-22; 살전 5:22; 고후 6:16)

나는 너희에게 이르노니 음욕을 품고 여자를 보는 자마다 마음에 이미 간음하
였느니라(마 5:28)

너희가 세상의 초등학문에서 그리스도와 함께 죽었거든 어찌하여 세상에 사는
것과 같이 규례에 순종하느냐 (곧 붙잡지도 말고 맛보지도 말고 만지지도 말라
하는 것이니 이 모든 것은 한때 쓰이고는 없어지리라) 사람의 명령과 가르침을
따르느냐(골 2:20-22)

악은 어떤 모양이라도 버리라(살전 5:22)

하나님의 성전과 우상이 어찌 일치가 되리요 우리는 살아 계신 하나님의 성전이
라(고후 6:16)

삶에 실행하기

1. 나는 현재 다음의 영상 미디어 매체를 어떻게 대하고 있는지 자가 진단

해 보십시오.

1) 인터넷과 게임은 하루에 몇 시간 사용하는가?

2) 스마트폰을 사용하지 않는 시간은 얼마인가?

3) 영화는 1년에 몇 편을 보는가?

4) 하루에 얼마나 TV를 보는가?

5) 주로 보는 내용은 어떤 종류인가?

실천을 위한 Tip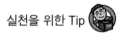

조심해야 할 인터넷과 미디어 문화

• 십대 크리스천이 금해야 하는 인터넷, 스마트폰, 미디어는 무엇입
  니까? 현재 내가 접하고 있는 미디어 중 다음에 해당되는 것이 있
  으면 그 제목을 말해 보십시오.

① 선정적인 것 (   )

② 폭력적인 것 (   )

③ 현실성 없는 가상적인 것 (   )

④ 중독성이 있는 것 (   )

⑤ 도박성이 있는 것 (   )

07

대중음악

 마음열기

1. 위의 글을 읽고 내가 만약 K양에게 조언을 한다면 무엇이라 할지 이야기
해 보십시오. 또한 읽은 후에 무엇을 느꼈는지 이야기해 보십시오.

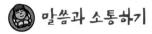

말씀과 소통하기

•시편 149:1-9을 읽으세요.

1 할렐루야 새 노래로 여호와께 노래하며 성도의 모임 가운데에서 찬
양할지어다

2 이스라엘은 자기를 지으신 이로 말미암아 즐거워하며 시온의 주민은
그들의 왕으로 말미암아 즐거워할지어다

3 춤 추며 그의 이름을 찬양하며 소고와 수금으로 그를 찬양할지어다

4 여호와께서는 자기 백성을 기뻐하시며 겸손한 자를 구원으로 아름
답게 하심이로다

5. 성도들은 영광 중에 즐거워하며 그들의 침상에서 기쁨으로 노래할
지어다

6 그들의 입에는 하나님에 대한 찬양이 있고 그들의 손에는 두 날 가
진 칼이 있도다

7 이것으로 뭇 나라에 보수하며 민족들을 벌하며

8 그들의 왕들은 사슬로, 그들의 귀인은 철고랑으로 결박하고

9 기록한 판결대로 그들에게 시행할지로다 이런 영광은 그의 모든 성
도에게 있도다 할렐루야

1. 그리스도인이 부르는 노래는 어떤 것이며 또 누구에게 해야 합니까?(1)

2. 사람들은 노래를 부름으로 마음의 즐거움을 느낍니다. 그러나 그리스도인 은 누구로 인하여 즐거워해야 합니까?(2)

3. 찬양하는 방법에는 어떤 것들이 있는지 말해 보십시오.(3)

4. 찬송하는 백성을 보시는 하나님의 마음은 어떠하며 그런 사람에게 어떤 은혜를 베푸십니까? 아울러 성도들은 어떻게 찬양의 삶을 살아야 합니 까?(4-6)

•POINT•

우리가 사는 세상의 모든 것은 하나님이 만드셨습니다. 우리가 한 것은 하나도 없습 니다. 우리는 하나님이 만드신 것 속에서 새로운 것을 만들고 사용합니다. 그렇기에 모든 것을 감사함으로 받고 당연히 하나님께 감사하고 찬양하며 살아야 합니다. 매 일 하나님께 감사하고 노래하며 살아도 주님의 은혜를 다 말할 수 없습니다.

말씀과 공감하기

1. 세상이 부르는 노래(대중가요)와 하나님을 찬양하는 노래가 다른 점은 무엇입니까? 왜 우리가 찬양해야 하는지 그리고 대중가요를 조심해야 하는지 그 이유를 말해 보십시오.(참고, 행 16:25-26; 골 3:16-17; 사 42:10)

말씀·
Tip

한밤중에 바울과 실라가 기도하고 하나님을 찬송하매 죄수들이 듣더라 이에 갑자기 큰 지진이 나서 옥터가 움직이고 문이 곧 다 열리며 모든 사람의 매인 것이 다 벗어진지라(행 16:25-26)

그리스도의 말씀이 너희 속에 풍성히 거하여 모든 지혜로 피차 가르치며 권면하고 시와 찬송과 신령한 노래를 부르며 감사하는 마음으로 하나님을 찬양하고 또 무엇을 하든지 말에나 일에나 다 주 예수의 이름으로 하고 그를 힘입어 하나님 아버지께 감사하라(골 3:16-17)

항해하는 자들과 바다 가운데의 만물과 섬들과 거기에 사는 사람들아 여호와께 새 노래로 노래하며 땅 끝에서부터 찬송하라(사 42:10)

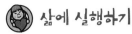 삶에 실행하기

1. 현재 내가 좋아하는 대중가요는 무엇입니까? 그중에서 내가 부르지 말아야 할 대중가요가 있습니까? 왜 그런 가요를 부르지 말아야 합니까?

실천을 위한 Tip

나의 노래 생활은?

• 세상 노래는 세상과 자기의 즐거움을 위해서 부르는 것입니다. 하지만 찬양은 하나님을 즐겁게 하는 일입니다. 현재 나는 어떤 노래를 부르고 있는지 점검해 보십시오.

-나는 괴로울 때나 기쁠 때나 슬플 때나 즐거울 때 주로 어떤 노래를 부릅니까?

　(　　　　　　　　　　　　　　　　　　　　　　　　　　)

-왜 그런 노래를 부릅니까?

　(　　　　　　　　　　　　　　　　　　　　　　　　　　)

-하나님께 드리는 나의 찬양 생활에 대해서 말해 보십시오.

　(　　　　　　　　　　　　　　　　　　　　　　　　　　)

대중음악에 숨어 있는 사탄의 전략

청소년들이 좋아하는 대중가요는 팝송과 록 스타일의 음악이 대부분입니다. 이런 음악의 특징을 몇 가지 살펴보면 다음과 같습니다.

1) rock'n rolls은 성적인 것을 상징하는 말로 rock은 남성의 성기를 의미하고 rolls는 '서로 뒹군다'는 의미로 '성행위를 하면서 굴러다닌다'는 퇴폐적인 의미를 가지고 있습니다.

2) 록 뮤직을 연주하고 노래하는 가수들이 즐겨 사용하는 형상들은 사탄을 상징하는 오각형 별, 바알 신을 상징하는 뿔, 태양신 숭배의 상징인 피라미드, 예수님의 사역을 반대하는 사탄의 십자가, 아데미 여신을 상징하는 별 13개와 초생달 등입니다.

3) 록 뮤직의 가사들은 주로 방탕한 성행위와 자살을 권장하고 폭력과 사탄을 찬미하며 마약 복용을 권유합니다.

4) 아주 시끄러운 록음악은 소음, 광기, 폭력, 잔혹성 등이 특징이나 살인, 마약, 난잡한 성행위 그리고 사탄 숭배 사상도 이 음악의 요소입니다. 상당수의 록음악 표지에는 '이 음반은 백워드 매스킹 방식으로 제작된 것이다'라는 문구가 적혀 있습니다. 특히 사탄 숭배 메시지는 백워드 매스킹이란 방법을 이용해 표현하기도 하는데 레코드 테이프를 거꾸로 돌릴 때 나오는 단어나 말이 사탄을 찬양하는 내용으로 돼 있는 것입니다. 비틀즈의 '레볼루션 넘버나인'이란 음악에서 '넘버나인 넘버나인…'이라고 되풀이되는 부분을 거꾸로 돌리면 'Turn me a dead man'(죽은 자여 나를 흥분시켜 다오)이란 말로 바뀌어 들리고 '블랙 오크 아칸사스'란 그룹이 공연 중 연호하는 'NATAS'(나타스)란 말

은 거꾸로 읽으면 'SATAN'(사탄)이 되며 레드 제플린의 노래 '스테어 웨이 투 헤븐'(천국으로 가는 계단)을 거꾸로 돌리면 '사탄은 우리의 주님이다… 그는 666을 준다… 여기 사랑스런 나의 사탄으로 가는 길이 있다… 다른 아무도 길을 만들어 주지 않았다… 그 능력은 사탄이다'라는 메시지가 나옵니다.

5) 팝음악은 마약 사용을 적극 권합니다. 우리가 건전가요로 알고 있는 사이먼 앤 가펑클의 '험한 세상 다리 되어'에 나오는 '실버 걸'이란 단어는 사실상 백색분말 마약인 코카인을 가리키는 은어이고, 비틀스의 '노란 잠수함'은 온 마을이 마약을 복용하며 산다는 뜻이고 '이기 팝'이란 그룹의 '사탄의 병사' 앨범 중 '개밥'의 가사에는 '개밥은 너에게 무척 좋다. 그건 너를 더욱 강하고 영리하게 만들어 준다. 지금 유행 중이니 매일 조금씩 먹으라'라는 내용이 있는데 여기서 개밥은 마약을 뜻합니다.

여러분은 팝송과 록음악의 정체를 어느 정도 알고 있습니까? 단순하게 외적으로 나타나는 모습으로만 생각하고 있지는 않습니까? 그것들이 우리에게(특히 십대에게) 주고자 하는 목적은 무엇이라고 생각합니까? 십대 크리스천은 대중음악을 통하여 다가오는 그들의 숨겨진 음모와 내적인 의미를 다시 생각해 보아야 합니다.

08

채팅과 SNS

 마음열기

1. 위의 자료 내용을 보고 나의 의견을 자유롭게 말해 보십시오.

2. 사람들은 왜 채팅을 한다고 생각합니까? SNS와 채팅의 유익한 점과 위험
   한 점을 말해 보십시오.

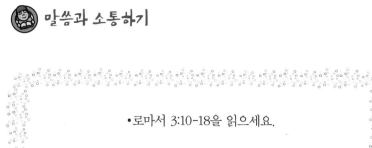 **말씀과 소통하기**

•로마서 3:10-18을 읽으세요.

10 기록된 바 의인은 없나니 하나도 없으며

11 깨닫는 자도 없고 하나님을 찾는 자도 없고

12 다 치우쳐 함께 무익하게 되고 선을 행하는 자는 없나니 하나도 없
   도다

13 그들의 목구멍은 열린 무덤이요 그 혀로는 속임을 일삼으며 그 입술
   에는 독사의 독이 있고

14 그 입에는 저주와 악독이 가득하고

15 그 발은 피 흘리는 데 빠른지라

16 파멸과 고생이 그 길에 있어

17 평강의 길을 알지 못하였고

18 그들의 눈 앞에 하나님을 두려워함이 없느니라 함과 같으니라

1. 세상 사람들은 하나님 앞에서 모두 어떤 사람입니까?(10-12)

2. 목과 입술에서 나오는 것과 혀로 하는 모든 말은 어떤 특징을 가지고 있
   습니까?(13-14)

3. 사람들의 발은 무엇을 하기에 빠릅니까?(15)

4. 하나님을 두려워하지 않는 사람들의 삶은 결국 어떠한 모습인지 말해 보
   십시오.(16-18)

•POINT•

사람의 지체 중에 가장 속이기 쉬운 것이 혀입니다. 죄를 가장 많이 짓는 것도 혀입
니다. 말의 실수가 없으면 온전한 사람입니다. 사탄은 인간의 혀와 입술로 범죄하게
만듭니다. 혀를 잘 사용하기 위해서는 마음을 거룩한 것으로 무장해야 합니다. 생각
나는 대로 말을 하기 때문입니다.

말씀과 공감하기

1. 채팅은 사이버 상의 언어입니다. 사람끼리 만나서 대화를 하는 것과 채팅
   의 다른 점은 무엇입니까? 특히 십대에게서 활발하게 채팅문화가 발달한
   이유는 무엇이라고 생각합니까? 채팅으로 다가서는 위험한 시대에서 우
   리 자신을 보호할 수 있는 지혜로운 방법을 찾아 보십시오.(참고, 계 12:7-
   9; 엡 4:22-27, 엡 6:17-18)

하늘에 전쟁이 있으니 미가엘과 그의 사자들이 용과 더불어 싸울새 용과 그의
사자들도 싸우나 이기지 못하여 다시 하늘에서 그들이 있을 곳을 얻지 못한지라
큰 용이 내쫓기니 옛 뱀 곧 마귀라고도 하고 사탄이라고도 하며 온 천하를 꾀는
자라 그가 땅으로 내쫓기니 그의 사자들도 그와 함께 내쫓기니라(계 12:7-9)

너희는 유혹의 욕심을 따라 썩어져 가는 구습을 따르는 옛 사람을 벗어 버리고
오직 너희의 심령이 새롭게 되어 하나님을 따라 의와 진리의 거룩함으로 지으심
을 받은 새 사람을 입으라 그런즉 거짓을 버리고 각각 그 이웃과 더불어 참된 것
을 말하라 이는 우리가 서로 지체가 됨이라 분을 내어도 죄를 짓지 말며 해가 지
도록 분을 품지 말고 마귀에게 틈을 주지 말라(엡 4:22-27)

구원의 투구와 성령의 검 곧 하나님의 말씀을 가지라 모든 기도와 간구를 하되
항상 성령 안에서 기도하고 이를 위하여 깨어 구하기를 항상 힘쓰며 여러 성도를
위하여 구하라(엡 6:17-18)

삶에 실행하기

1. 청소년들을 유혹하는 채팅의 위험 수위는 더욱 높아집니다. 채팅은 십대
   뿐 아니라 장년까지도 유혹하고 있습니다. 크리스천의 건전한 만남 수칙
   을 다섯 가지 정해 실천하십시오.

   1)

   2)

   3)

   4)

   5)

실천을 위한 Tip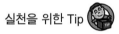

하나님 앞에서 유혹을 이기는 약속

- 사탄은 언제나 자기의 정체를 숨기고 약한 사람들을 통하여 우리
  를 파멸하려고 우는 사자와 같이 삼킬 자를 찾고 있습니다. 특히
  아직 정체성을 확립하지 못한 약한 십대들은 그들에게 좋은 먹잇
  감입니다. 사람보다 하나님과 만나는 시간을 가져야 합니다. 하나
  님과 대화하는 기도 시간을 어떻게 확보할지, 그리고 사람과 인격
  적인 대화를 갖기 위한 나의 계획을 적어 보십시오.

  1)

  2)

  3)

참고자료

채팅 안에 숨어 있는 사탄의 전략

하나 채팅의 가장 두드러진 특징은 대화 상대를 볼 수 없다는 점이다. 이를 채팅의 익명성이라 부른다. 채팅은 상대방의 얼굴은 물론이고 이름이나 성별, 나이, 직업 따위도 베일에 가려 있는 경우가 많다. 익명성 때문에 현실 세계에서 대화하는 것처럼 신경쓸 게 별로 없다. 즉, 칠십 노인과 열 살 아이가 아무렇지도 않은 듯 얘기를 나누고, 직업이나 사회적 지위 고하, 또는 외모 따위를 초월하여 훨씬 개방적이고 허심탄회한 대화를 주고받을 수 있다. 또 반대로 얼굴을 마주한 대화가 아니므로 욕설이나 험담, 성적 농담이 난무하는 것도 채팅의 특징이다.

둘 채팅에서 논란이 되는 것은 온라인에서 현실의 자아와는 사뭇 다른 가상의 자아를 만들어 내고 거기에 탐닉해 들어가는 현상이다. 어떤 여중생은 채팅에서 사귄 고등학생 오빠와 같은 고등학생 행세를 하며 대화를 나누고 있다는데, 이 때문에 고등학생들이 보는 교과서나 잡지 따위를 열심히 뒤적거린다고 한다. 채팅에서는 이론적으로 그 무엇이든 될 수 있다. 이를테면 남자가 여자로, 여자가 남자로 행세할 수 있는 것은 물론이고 연령이나 직업, 성격이나 취향 모두를 다르게 가장할 수 있다.

셋 급변하는 사회에서 단순히 문자만으로 하는 채팅은 더 이상 흥미를 끌지 못한다. 이에 아바타(나를 대신하는 캐릭터)를 이용한 채팅이 등장한 것은 이미 오래 전의 일이다. 이제는 서로의 모습을 보며 채팅을 즐기는 화상채팅이 보편화되고 있다.

아바타는 단순한 캐릭터에서 그치는 것이 아니라 기쁨, 슬픔, 눈물, 졸림, 짜증 등 인간이 가지고 있는 감정들을 표정으로 담아낸다. 또한 채팅에서 케이크, 과일, 하트 같은 소품을 이용할 수 있다. 채팅방의 배경은 물론 음악도 직접 넣는 등 훨씬 다양하고 화려해진 기능으로 청소년들의 구미를 당긴다. 이제는 아바타를 이용한 채팅에서 벗어나 인형놀이를 하듯 각자가 가상공간의 주인공이 되어 가족이나 공동체를 형성하고 이야기를 꾸미기도 한다. 최근 등장한 화상채팅도 상대방의 얼굴이나 행동을 볼 수 있다는 점에서 인터넷 세대들에게 인기를 끌고 있다.

09

돈

 마음열기

1. 위의 글을 읽고 복권과 아울러 경마와 경륜에 대한 나의 의견을 말해 보
   십시오. 그리고 왜 사람들이 복권을 산다고 생각합니까?

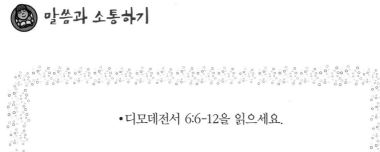
말씀과 소통하기

•디모데전서 6:6-12을 읽으세요.

6 그러나 자족하는 마음이 있으면 경건은 큰 이익이 되느니라
7 우리가 세상에 아무 것도 가지고 온 것이 없으매 또한 아무 것도 가
   지고 가지 못하리니
8 우리가 먹을 것과 입을 것이 있은즉 족한 줄로 알 것이니라
9 부하려 하는 자들은 시험과 올무와 여러 가지 어리석고 해로운 욕
   심에 떨어지나니 곧 사람으로 파멸과 멸망에 빠지게 하는 것이라
10 돈을 사랑함이 일만 악의 뿌리가 되나니 이것을 탐내는 자들은 미
   혹을 받아 믿음에서 떠나 많은 근심으로써 자기를 찔렀도다
11 오직 너 하나님의 사람아 이것들을 피하고 의와 경건과 믿음과 사랑
   과 인내와 온유를 따르며
12 믿음의 선한 싸움을 싸우라 영생을 취하라 이를 위하여 네가 부르심
   을 받았고 많은 증인 앞에서 선한 증언을 하였도다

1. 경건한 사람은 어떤 마음을 가지고 살아가게 됩니까?(6)

2. 7-8절에 나타난 인생의 교훈을 말해 보십시오.

3. 부자가 되려고 하는 사람에게는 어떤 위험이 도사리고 있습니까? 돈을 사랑하는 사람의 문제점을 말해 보십시오.(9-10)

4. 하나님의 사람인 그리스도인들은 어떤 삶을 살아야 합니까?(11-12)

•POINT•

하나님은 인간에게 물질을 관리하고 다스리라고 하셨습니다. 그런데 죄를 지은 인간은 물질의 노예가 되고 물질 때문에 많은 죄를 짓습니다. 돈을 지배하지 않으면 돈이 사람을 지배합니다. 돈을 지배하려면 돈보다 더 큰 하나님을 섬겨야 합니다. 그렇지 않으면 돈의 유혹을 이길 수 없습니다.

말씀과 공감하기

1. 돈은 사랑의 대상이 아닌 관리의 대상입니다. 그런데 왜 사람은 돈을 사
   랑하게 됩니까? 십대들을 유혹하는 것 중에 하나가 돈입니다. 인간의 욕
   심은 알고 보면 모두 돈과 관련되어 있습니다. 어떻게 하면 돈의 유혹에
   서 벗어날 수 있는지 그 방법을 말해 보십시오.(참고, 마 6:24; 약 1:13-15; 신
   28:2-6)

한 사람이 두 주인을 섬기지 못할 것이니 혹 이를 미워하고 저를 사랑하거나 혹
이를 중히 여기고 저를 경히 여김이라 너희가 하나님과 재물을 겸하여 섬기지
못하느니라(마 6:24)

사람이 시험을 받을 때에 내가 하나님께 시험을 받는다 하지 말지니 하나님은
악에게 시험을 받지도 아니하시고 친히 아무도 시험하지 아니하시느니라 오직
각 사람이 시험을 받는 것은 자기 욕심에 끌려 미혹됨이니 욕심이 잉태한즉 죄
를 낳고 죄가 장성한즉 사망을 낳느니라(약 1:13-15)

네가 네 하나님 여호와의 말씀을 청종하면 이 모든 복이 네게 임하며 네게 이르
리니 성읍에서도 복을 받고 들에서도 복을 받을 것이며 네 몸의 자녀와 네 토지
의 소산과 네 짐승의 새끼와 소와 양의 새끼가 복을 받을 것이며 네 광주리와 떡
반죽 그릇이 복을 받을 것이며 네가 들어와도 복을 받고 나가도 복을 받을 것이
니라(신 28:2-6)

삶에 실행하기

1. 십대를 유혹하는 돈과 관련된 내용과 문화를 주위에서 찾아보십시오. 돈
   은 물질의 대명사입니다. "돈이면 최고야!"라고 외치는 세상 속에서 나는
   얼마나 자유롭습니까? 잘 안된다면 그 이유는 무엇입니까?

실천을 위한 Tip

 돈으로 살 수 없는 것

• 돈이면 모두가 다 되는 세상인데 알고 보면 돈으로 안 되는 일도
  많이 있습니다. 돈보다 더 소중한 것들이 무엇인지 말해 보십시
  오. 오늘 주어진 것에 만족하면서 행복을 누리며 살 수 있는 방법
  을 말해 보십시오.

-돈으로 살 수 없는 것

-오늘 만족하면서 살아가는 방법